国家出版基金项目
NATIONAL PUBLICATION FOUNDATION

# 记住乡愁
## ——留给孩子们的中国民俗文化

刘魁立◎主编

李跃乾◎编著

第十一辑 生肖祥瑞辑

# 生肖鼠

本辑主编 张 勃

黑龙江少年儿童出版社

# 序

　　亲爱的小读者们，身为中国人，你们了解中华民族的民俗文化吗？如果有所了解的话，你们又了解多少呢？

　　或许，你们认为熟知那些过去的事情是大人们的事，我们小孩儿不容易弄懂，也没必要弄懂那些事情。

　　其实，传统民俗文化的内涵极为丰富，它既不神秘也不深奥，与每个人的关系十分密切，它随时随地围绕在我们身边，贯穿于整个人生的每一天。

　　中华民族有很多传统节日，每逢节日都有一些传统民俗文化活动，比如端午节吃粽子，听大人们讲屈原为国为民愤投汨罗江的故事；八月中秋望着圆圆的明月，遐想嫦娥奔月、吴刚伐桂的传说，等等。

　　我国是一个统一的多民族国家，有 56 个民族，每个民族都有丰富多彩的文化和风俗习惯，这些不同民族的民俗文化共同构筑了中国民俗文化。或许你们听说过藏族长篇史诗《格萨尔王传》

中格萨尔王的英雄气概、蒙古族智慧的化身——巴拉根仓的机智与诙谐、维吾尔族世界闻名的智者——阿凡提的睿智与幽默、壮族歌仙刘三姐的聪慧机敏与歌如泉涌……如果这些你们都有所了解，那就说明你们已经走进了中华民族传统民俗文化的王国。

你们也许看过京剧、木偶戏、皮影戏，看过踩高跷、耍龙灯，欣赏过威风锣鼓，这些都是我们中华民族为世界贡献的艺术珍品。你们或许也欣赏过中国古琴演奏，那是中华文化中的瑰宝。1977年9月5日美国发射的"旅行者1号"探测器上所载的向外太空传达人类声音的金光盘上面，就录制了我国古琴大师管平湖演奏的中国古琴名曲——《流水》。

北京天安门东西两侧设有太庙和社稷坛，那是旧时皇帝举行仪式祭祀祖先和祭祀谷神及土地的地方。另外，在北京城的南北东西四个方位建有天坛、地坛、日坛和月坛，这些地方曾经是皇帝率领百官祭拜天、地、日、月的神圣场所。这些仪式活动说明，我们中国人自古就认为自己是自然的组成部分，因而崇信自然、融入自然，与自然和谐相处。

如今民间仍保存的奉祀关公和妈祖的习俗，则体现了中国人崇尚仁义礼智信、进行自我道德教育的意愿，表达了祈望平安顺达和扶危救困的诉求。

小读者们，你们养过蚕宝宝吗？原产于中国的蚕，真称得上伟大的小生物。蚕宝宝的一生从芝麻粒儿大小的蚕卵算起，中间经历蚁蚕、蚕宝宝、结茧吐丝等过程，到破茧成蛾结束，总共四十余天，却能为我们贡献约一千米长的蚕丝。我国历史悠久的养蚕、丝绸织绣技术自西汉"丝绸之路"诞生那天起就成为东方文明的传播者和象征，为促进人类文明的发展做出了不可磨灭的贡献！

小读者们，你们到过烧造瓷器的窑口，见过工匠师傅们拉坯、上釉、烧窑吗？中国是瓷器的故乡，我们的陶瓷技艺同样为人类文明的发展做出了巨大贡献！中国的英文国名"China"，就是由英文"china"（瓷器）一词转义而来的。

中国的历法、二十四节气、珠算、中医知识体系，都是中华民族传统文化宝库中的珍品。

让我们深感骄傲的中国传统民俗文化博大精深、丰富多彩，课本中的内容是难以囊括的。每向这个领域多迈进一步，你们对历史的认知、对人生的感悟、对生活的热爱与奋斗就会更进一分。

作为中国人，无论你身在何处，那与生俱来的充满民族文化DNA 的血液将伴随你的一生，乡音难改，乡情难忘，乡愁恒久。这是你的根，这是你的魂，这种民族文化的传统体现在你身上，是你身份的标识，也是我们作为中国人彼此认同的依据，它作为一种凝聚的力量，把我们整个中华民族大家庭紧紧地联系在一起。

《记住乡愁——留给孩子们的中国民俗文化》丛书，为小读者们全面介绍了传统民俗文化的丰富内容：包括民间史诗传说故事、传统民间节日、民间信仰、礼仪习俗、民间游戏、中国古代建筑技艺、民间手工艺……

各辑的主编、各册的作者，都是相关领域的专家。他们以适合儿童的文笔，选配大量图片，简约精当地介绍每一个专题，希望小读者们读来兴趣盎然、收获颇丰。

在你们阅读的过程中，也许你们的长辈会向你们说起他们曾经的往事，讲讲他们的"乡愁"。那时，你们也许会觉得生活充满了意趣。希望这套丛书能使你们更加珍爱中国的传统民俗文化，让你们为生为中国人而自豪，长大后为中华民族的伟大复兴做出自己的贡献！

亲爱的小读者们，祝你们健康快乐！

二〇一七年十二月

# 目 录

十二生肖鼠为先

## │十二生肖鼠为先│

### 什么是十二生肖？

人类本身就是大自然的一部分。在很久很久以前，人们十分热爱大自然中千姿百态的植物，也十分热爱大自然中各种各样的动物。

人们最喜欢的动物有鼠、牛、虎、兔、龙、蛇、马、羊、猴、鸡、狗、猪这十二种。当时，人们头脑比较简单，知识很少，还没有发明计数用的数字。他们就用这些动物来计算年份和月份等时间的变化，比如第一年是鼠年，第二年是牛年，第三年是虎年，第四年是兔年，第五年是龙年，第六年是蛇年，第七年是马年，第八年是羊年，第九年是猴年，第十年是鸡年，第十一年是狗年，第十二年是猪年。

人们认为时间是循环的，十二年一个轮回。第十三年轮回来又是鼠年，这样循环往复，可以一直计算下去。用十分熟悉且活泼可爱的动物来计算年份、月份等时间的变化，非常好记忆。这样的方法也非常容易流传和普及。

由于发明了用动物标记年份和月份等时间概念，人类的年龄也有了计算的标准。在第一年出生的人，都用鼠来代表；在第二年出生的人，都用牛来代表；在第三年出生的人，都用虎来代表；在

十二生肖

第四年出生的人，都用兔来代表；在第五年出生的人，都用龙来代表；在第六年出生的人，都用蛇来代表；在第七年出生的人，都用马来代表；在第八年出生的人，都用羊来代表；在第九年出生的人，都用猴来代表；在第十年出生的人，都用鸡来代表；在第十一年出生的人，都用狗来代表；在第十二年出生的人，都用猪来代表。这样，所有人都可以用这十二种动物来区分，有的属鼠，有的属牛，有的属虎等等。同时，利用这十二种动物也可以计算人的年龄大小。时间长了，这十二种动物就慢慢地变成了我们中国人的十二生肖。我们中国人一出生，父母就会根据孩子出生的年份，算出是属鼠、属牛，还是属虎等等。

后来，古人发明了复杂的文字。人们又用"子、丑、寅、卯、辰、巳、午、未、申、酉、戌、亥"等十二个字来计算年月日等时间的变化。

人们就把文字纪年和动物纪年结合在一起。第一年称"子鼠年"，第二年称"丑牛年"，第三年称"寅虎年"，第四年称"卯兔年"，第五年称"辰龙年"，第六年称"巳蛇年"，第七年称"午马年"，第八年称"未羊年"，第九年称"申猴年"，第十年称"酉鸡年"，第十一年称"戌狗年"，第十二年称"亥猪年"。第十三年又返回来称"子鼠年"，开始新一轮的计算。这种计算年份的方法，一直延续到今天，在每年的新日历上我们都可以看到对应的属相。

中国人用十二种动物即十二生肖，代表人类自己的年龄和计算时间的方式，表明他们非常热爱大自然和注意观察大自然的各种变化。在距离今天2200多年前的先秦两汉时期，就已经有了十二生肖。当时，十二生肖称作"十二禽"。在距今1200多年前的隋唐时期，把十二生肖称作"十二辰畜""十二兽""十二神"等。在距今1000多年前的宋朝，把十二生肖称为"十二虫""十二时"。在距今800多年前的金朝、元朝时期，把十二生肖称为"十二元辰"。在距今600多年的明清时期，把十二生肖称为"十二辰禽象"。

现在，十二生肖的形象

广泛运用在建筑、艺术、文学等各种领域，表达着人们对生活的美好愿望。

## 谁发明了十二生肖？

十二生肖作为中国特有的传统文化产物，它的历史相当久远，有关其起源，历代学者众说纷纭。有人认为生肖与地支同源，可追溯到史前传说时代。另一种说法认为生肖本是中国北方游牧民族的民俗，后来传入中原地区。第三种说法认为生肖在古印度、古巴比伦就有，是汉朝时西域各国仿古巴比伦十二宫而制定，后又向四周传播的。

作者认为，十二生肖是我们的老祖先发明创造的。在距今5000多年前，我们的老祖先就非常喜欢鼠、牛、虎、兔、龙、蛇、马、羊、猴、鸡、狗、猪等动物。几千年来，这些动物在中国人的生活与文化中都起到了十分重要的作用。

我们的老祖先把自己最常见、最关心的动物编入了十二生肖当中。这其中牛、羊、马、猪、狗、鸡是我们老祖先很早就驯服和豢养的动物，与我们的老祖先朝夕相处。所以人们把这六种动物合称为"六畜"。有个成语叫"六畜兴旺"，就是指一个人的家里饲养了很多牛、羊、马、猪、狗、鸡等家畜，代表着这家人生活富足，家族人丁兴旺，喻有吉祥美好的意思。

无论何时何地，只要一提到牛，我们眼前就会出现它们在田里辛苦犁田的景象，真可以说它是刻苦耐劳的代表。中国自古以农立国，不论是南方的水牛，还是北方的黄牛，都能替人类拉犁耕田。牛是中国人生活中不可或缺的动物，与人感情深厚，所以中国文化中有很多牛的故事，例如牛郎织女、对牛弹琴、吴牛喘月等。

马的形象是雄壮、骏逸的，它是古代主要的交通工具。古人曾这样说，在天上行走的没有比得上龙，在地上行走的没有比得上马。可见马在古人心中的重要性。马，可以农用拉犁耕田，也可以军用拉战车、驮战士，是军队的根本物资，也是国家重大的资本。马在古代常被人用来比喻某事或某人，因此流传下来的典故也不少。中国人习惯于用骏马来比喻有才华的人，例如上驷之材、人中骐骥，"上驷""骐骥"都是指良马。还有些常见的成语，例如伯乐相马、指鹿为马、快马加鞭、悬崖勒马等。

羊在古人心目中是一种善良有义的动物，所以"善"和繁体的义字"義"，才会都从"羊"字。一提到羊，我们马上会想起它温顺可亲的形象，因为羊总是不与人争地吃着青草，而且悠闲自得地漫步在山坡上，令人看了有祥和的感觉。与羊有关的成语故事很多，例如亡羊补牢、歧路亡羊、羊入虎口等。

狗是人类最忠实的朋友，可以日日夜夜为主人看家护院，向主人报警。成语丧家之犬、狗仗人势，说明人与狗的关系十分密切。古书上还有关于忠狗送信的感人故事。在距今 1600 多年前的魏晋时代，京城洛阳有一个官员叫陆机。他养了一只狗，名字叫"黄耳"。有一次，陆机有急事想要通知远离京城的家人，但是却又找不到既快速又可靠的送信人。最后，陆机决定让黄耳把信带回家去。陆机把信绑在黄耳的身上，然后拍着它的头说："好狗儿，一切就靠你了！"自从黄耳走后，陆机几乎每天都站在门口望着家乡的方向，担心黄耳不能一路平安到家。50 天后，黄耳终于面容憔悴地跑了回来。陆机高兴地抱着它，并迅速地取下黄耳身上带回来的信。当陆机看信时，黄耳已经倒在地上一动也不动了。等到读完

信，陆机才发现黄耳已经因为力气用尽而死了，顿时痛哭起来。

鸡是对人类最有益处的动物之一。在古书中，有关鸡的寓言故事很多也很精彩。春秋战国时期，相传就有齐王喜欢斗鸡和鸡鸣狗盗的故事。成语闻鸡起舞，原意指古人一听到鸡叫就起来舞剑，后来比喻有志报国的人即时奋起。

人与猪的关系也很密切。与猪有关的成语故事很多，杀彘教子就是人们常说的《曾子杀猪》的故事。曾子的妻子要去赶集，年幼的儿子哭闹着也要去。她就对儿子说："只要乖乖待在家中，回来一定杀猪给你吃。"于是儿子停止了哭闹。妻子从集市上回来后，曾子便要杀猪。

妻子阻止他说，先前只是哄骗孩子的戏言。曾子说："跟小孩子说话不能欺骗他；如跟他说谎，以后他再也不会信我们的话了。"说完立刻就把猪杀了。

十二生肖中的鼠、虎、兔、蛇、龙、猴，也是我们的祖先最熟悉、最关注的动物。鼠、兔、猴是我们的祖先最常见、最熟悉的三种动物。龙、虎、蛇是三种令人感到恐怖的神秘猛兽，给我们的祖先留下的印象也最为深刻。

兔子是一种非常温驯可爱的动物。兔子的听觉非常灵敏，它那一双长长的耳朵侦测着四面八方，任何风吹草动都逃不过它的耳朵。它飞奔的速度更是令许多动物望尘莫及。人与兔子的互动密切，人们除了驯养兔子外，还喜欢捕捉野兔。有很多关于兔子的寓言故事，例如狡兔三窟、兔死狐悲、兔死狗烹、守株待兔等。其中守株待兔最精彩：

战国时，有一个宋国的农夫，每天都到田里辛苦地工作。有一天，一只飞奔的兔子，一头撞死在田边的大树旁。农夫高兴地捡起兔子回家去了。从此以后，他不再耕田除草，每天坐在田边的大树下，等候撞树的兔子。过了好几个月，不仅没捡到兔子，连田地都荒芜了！

猴子是一种非常灵巧的动物，行动敏捷迅速，那一双修长有力的臂膀，在树林间荡来荡去！猴子的好奇心特别重，常常与人类互动，产生了无数有趣的故事。成语沐猴而冠、朝三暮四都是讲述与猴子有关的故事。朝三暮四的故事说的是：

战国时，宋国有一个老人，在家中养了许多猴子。日子一久，这个老人竟然能和猴子沟通讲话了。

这个老人每天早晨和晚上都分别给每只猴子四颗栗子。几年之后，猴子越来越多，所以他就想把每天喂给每只猴子的栗子由八颗改为七颗，于是他就和猴子们商量说："从今天开始，我每天早上给你们三颗栗子，晚上还是给你们四颗栗子，行吗？"猴子们听了，认为早上少了一颗。于是一个个就开始吱吱大叫，跳来跳去，表示反对。

老人一看到这个情形，连忙改口说："那么我早上给你们四颗，晚上给你们三颗，这样该可以了吧？"

猴子们听了，以为早上的栗子已经由三颗变成四颗，跟以前一样，就高兴地在地上翻滚起来。

中国人崇拜龙的历史已经有五千年以上。在中国古代文化里，龙是传说中的四种祥兽之一。《礼记·礼运》中提到："麟凤龟龙，谓之四灵。"相传，麟是兽中之王、凤是禽中之王、龟是介中之王、龙是鳞中之王，它们的出现都是嘉瑞的先兆。比如《三国演义》第八十回提到"麒麟降生，凤凰来仪，黄龙出现"，就是用来预兆太平盛世的。这里龙、凤、麒麟都是传说中极有灵性的动物。据有的古书记载，龙是驼头、鹿角、牛耳、蛇身、鱼鳞、鹰爪和龟尾。它既可以在天上飞，又可以在海里游。中国的龙，家族庞大，有黄龙、青龙、赤龙、白龙、乌龙、金龙。千年之龙叫应龙，无足之龙叫烛龙，有角之龙叫虬龙，无角之龙叫螭龙等等。它们有好有坏，有善有恶。

据《史记》第二十八卷《封禅书》记载，黄帝就是乘龙升天的。远古时代，黄帝是一位非常贤明的君王，他曾经打败了入侵者蚩尤。黄帝时代发明了舟车、历法、算术、音乐等。黄帝晚年发明了鼎。当第一个鼎被铸造出来时，天上突然飞下来一条龙。这只龙有着威武的眼睛和长长的、闪着银光的龙须，全身透着金光。龙对黄帝说："天帝非常高兴看到你促使中国文明又向前迈进了一步，所以特地派遣我来带你升天去觐见天帝。"黄帝一听，就跨上龙背。金龙载着黄帝快速飞起，一下子就消失在云雾中了。

在古书中，与龙有关的成语故事有很多：神龙见首不见尾、攀龙附凤、望子成龙、飞龙在天、群龙无首等。

西方人把狮子看作是百兽之王，但中国人自古以来就把老虎看作是百兽之王，认为老虎是一种神秘而不可侵犯的动物。老虎真可以说是凶猛、威武、危险和争斗的化身。在古书中关于老虎的精彩故事很多，例如三人成虎、狐假虎威、如虎添翼、九牛二虎、调虎离山、骑虎难下等。

人们一想到蛇，就会想

到它那软黏湿滑的身体，以及昂首吐芯的样子，不由自主地全身起鸡皮疙瘩。蛇和龙的地位及象征意义是有天壤之别的。古书上记载，当人看见龙就会有喜事发生；而看见蛇，则会土地干旱成灾。古书中关于蛇的故事也很多，不少带有神秘的色彩，例如蛇能记仇和报恩等。有关蛇的常见成语有打草惊蛇、画蛇添足、杯弓蛇影等。

### 古书上关于十二生肖的记载

根据《史记》《诗经》等古书记载，四五千年前，黄帝是我国中原各民族的祖先，他命令巫官制定干支纪年法。黄帝创立了子、丑、寅、卯等十二时辰，以及十二生肖。陕西临潼骊山人祖庙是供奉黄帝的庙宇，在它的西北部有一个大石碑，上面雕刻着鼠、牛、虎、兔、龙、蛇、马、羊、猴、鸡、狗、猪十二种动物的形象，被称为"十二像石"。

距今3700多年前的夏朝，就已经开始利用生肖纪年了。通过对甲骨文的研究，在距今3000多年前的殷商时期，就有天干、地支纪年了。在河南安阳殷墟出土的牛骨上就刻有商代甲骨古干支表。

距今2300多年前的春秋战国时，将十二地支与生肖对应，使十二生肖体系初步形成。通过文献追溯，这时期生肖纪年已经比较流行了。1975年12月，位于湖北省云梦县的睡虎地秦墓出土了秦朝人写在竹简上的

《日书·盗者》，上面记载着十二生肖，大意是：子是老鼠，丑是牛，寅是老虎，卯是兔子，辰是龙，巳是蛇，午是鹿，未是马，申是猿猴，酉是水，戌是老羊，亥是猪。

东汉哲学家王充在他的《论衡·物势》中讲到了十一种生肖，大意是：寅，代表它的禽兽是老虎。戌，代表它的禽兽是狗。午，是马。子，是老鼠。酉，是鸡。卯，是兔。亥，是猪。未，是羊。丑，是牛。巳，是蛇。申，是猴。王充所举的生肖已经基本上与今天的相同了。

距今1600多年前的晋朝时期，有一个非常著名的道士叫葛洪。在他所著的《抱朴子》一书中描述了三十六种野兽变化成人的神奇故事，其中包括十二生肖动物。

距今1400多年前的南北朝时期，北周大臣宇文护的母亲给宇文护的信中曾写道："过去，我在武川镇生了你们兄弟三人，老大属鼠，老二属兔，你属蛇。"由此可见，当时的人已经使用十二生肖来记录人的出生年份了。

距今1100多年前的隋唐时期，十二生肖文化已经广为流传，并影响到了少数民族地区。西藏藏族首领在叙事时，就以十二生肖计算年份，比如鼠年、虎年等。

## 中国各民族十二生肖中基本都有老鼠

十二生肖文化涉及人与自然、人与社会的关系，反映了中华民族的思维模式和审美情趣。中国是个多民族

| 生肖鼠剪纸 |

的国家，少数民族与汉民族的生活习俗不同，但是不少少数民族却也有类似汉族的十二生肖文化。这不难看出，十二生肖文化在历史上促进了中国各民族之间的文化交流，也促进了各民族之间的团结。

### 什么是老鼠？

广义的老鼠，从动物学的角度讲，凡是啮齿类的哺乳动物都可称为鼠。

老鼠门齿很发达、无齿根、终生不停地在生长，体型多数较小，体色为褐色或黑色。老鼠的种类繁多，常见的有褐家鼠、黄胸鼠、仓鼠、田鼠、竹鼠等。

| 仓鼠 |

老鼠的生命力顽强，已经在地球上繁衍生息数万年了。老鼠适应环境的能力极强，可以在各种复杂的环境下生存，且意志坚强。除了南极以外，地球上的其他陆地都有老鼠。最大的老鼠是南美的水豚，其体型大如猪。

老鼠的繁殖能力十分强大，一对成年老鼠在一年内可产下近千只小老鼠。三个月大的老鼠就已成年，可以生育了，并且头一窝就能生育六只小老鼠。因此，世界各国都有无数的老鼠。它们适应人类生活的环境，与人类保持着密切的联系。老鼠生性机警，虽然色盲，但其听力、嗅觉及对光线的反应却十分灵敏。老鼠常在黄昏及清晨出来活动，常出没于人类的房屋之中。

老鼠为杂食性动物，两对门牙一年可长至13厘米长，所以它们需要到处啮咬磨牙，以防门牙过长而无法进食。老鼠会盗吃粮食，啃咬人类的家具，甚至还会咬坏电线引发断电、火灾等。

老鼠可以传播很多疾病，对人类传播的疾病有鼠疫、流行性出血热、钩端螺旋体、斑疹伤寒、蜱性回归热等57种之多。

## 中国古代书籍中记载的老鼠

中国地大物博，老鼠的种类也很多。因此，中国古代书籍中有很多关于各类老鼠的记载。据不完全统计，中国古代书籍记述的老鼠有：水鼠、冰鼠、火鼠、耳鼠、阴鼠、香鼠、辟毒鼠、天鼠、山鼠、兀儿鼠、兔鼠、松鼠、社鼠、竹鼠等。

甲骨文里的"鼠"字，是个象形字，就像一只小老

甲骨文中的鼠字

鼠张着嘴在咬东西。象形的"鼠"字，从商朝到秦朝1000多年的演变中，不断变化。在秦朝小篆中已趋向符号线条化；隶书的"鼠"字是在小篆的基础上演变来的，鼠头变成方形，鼠脚和鼠尾还有点儿象形，但鼠的形象已不明显了。

距今2000千多年前，先秦时期重要的古籍《山海经》中介绍了一种耳鼠，大概意思是：丹熏山有一种小兽，身形像老鼠，可以利用尾巴飞行。

东汉时期，有一本字典叫《说文解字》。这本字典中对老鼠的解释大意是：能够挖掘地洞且居住在地洞中的小动物，都叫老鼠。这样给老鼠下的定义很宽泛，因为能打洞且居住在洞穴中的小动物，不仅有老鼠还有獾、貉等。

西汉时期著名文学家东方朔曾介绍过一种冰鼠。东方朔云："生北荒积冰下，皮毛柔，可为席。"大意是它生长在北方荒原的积冰之下，皮毛柔软，可以用来做席子。

据1000多年前的古书《神异经》记载，在西域及南海火洲的山上，有一种野火鼠，古人取它的毛织布，号火浣布。所以古人常常用"火鼠"比喻十分珍贵的东西。

距今400多年前有一部字典叫《字汇》，其中记载：在河南禹州密县雪霁山有一种香鼠，长有牙齿和胡须，身上发出类似麝香的香味。

《甘肃地志》中记载：

凉州地方有一种兀儿鼠，外形像老鼠，但尾巴上有很多肉瘤。有一种鸟叫本周儿，像麻雀，常与兀儿鼠同穴而处。这就是《尚书》中所说的"同穴的鸟鼠"。在陇西首阳县，也有鸟鼠同穴的现象。

距今300多年前成书的《康熙字典》，收录了带"鼠"字偏旁的字114个。书中对老鼠的注解也更加全面。

## 老鼠为什么在十二生肖中排第一?

老鼠在中国文化中的重要地位，主要表现在十二生肖中生肖鼠文化上。中国的十二生肖文化历史悠久、影响广泛，而生肖鼠又是十二生肖之首。

关于老鼠排在十二生肖首位的原因，马昌仪先生在《鼠咬天开》一书中列举了五种原因，都是流传在中国各地的寓言故事或传说:

第一，在安徽怀宁一带流传的故事。如来佛选拔十二种动物做看守人，每种动物值班一年。本来是猫排第一名，但是由于猫不耐烦，所以老鼠乘机占据首位。

第二，在西藏藏族、云南纳西族等少数民族地区流传的故事。十二种动物以游泳争排名，老鼠附在牛身上。在大家快游到岸边时，老鼠咬了牛尾巴一口。牛猛甩自己的尾巴，于是就把老鼠甩到了岸上，老鼠因此第一个到达。

第三，在福建晋江一带流传的故事。唐朝圣僧唐三藏到西天取经时有经书遗失，老鼠把遗失的经书送还给唐三藏。为了表扬老鼠，唐三藏就让老鼠为生肖首位。

第四，民间有"鼠咬天开"这一神话传说故事。传说老鼠有开天之功，所以封为首位。

第五，时辰对应说。

如今大多数人比较认同"鼠咬天开"和"时辰对应"这两种说法。

"鼠咬天开"的神话传说，主要流行于彝族、白族、苗族等少数民族生活的云南、贵州、广西等地区。传说在古代洪水泛滥时，只有少数人躲在大葫芦里漂浮着，没有被洪水冲走。洪水退下去之后，老鼠咬破大葫芦救出葫芦里的人，因而开创了人类社会。人类为了报答老鼠，要给予它们粮食，并把它们排在生肖第一。

当然，汉族也有类似的

| 生肖鼠的精美工艺品 |

传说。根据清代刘献廷所著《广阳杂记》记载："天开于子，不耗则其气不开。鼠，耗虫也。于是夜尚未央，正鼠得令之候，故子属鼠。"意思是说，在远古时候，天和地连结在一起，中间漆黑一片，没有日月星辰，没有动物植物，没有任何声音。在半夜一点钟前后，老鼠在天和地之间咬开了一个口子，让天和地之间有了空隙，有风吹进去，天和地才得以分开。因此，老鼠被推崇为创世之神，深受人们的喜爱。

时辰对应说，就是说老鼠排在生肖首位的原因跟时辰有关。清朝人赵翼在他写的《陔余丛谈》一书中说：十二生肖是按照动物足趾，配以阴阳之说排定的，奇数为阳，偶数为阴。老鼠前爪有四个趾，是偶数，因而为阴；后爪有五个趾，是奇数，因而为阳。夜晚为阴，白天为阳。半夜子时处在阴、阳交界，而老鼠的足趾也正好是奇数偶数同体。因此，老鼠与半夜子时相配。

古人解释老鼠排在生肖第一位的原因，都带有神秘的文化色彩。实际上，按照我们现代人的理解，老鼠在我们的祖先心目中排名第一，主要是因为它们与人类的关系最早、最密切。可以说，有人的地方就有老鼠。在远古的时候，人类靠打猎为生。无论高山、丘陵、平原，还是江河水边，到处都有老鼠。老鼠是最容易得到的猎物，因此它也是人类最重要的食物来源。另外，老鼠繁殖能

力很强，数量很多。古人十分想拥有老鼠那样的生育能力。中国人自古就有多子多福的观念，因此把老鼠尊为"子神"。汉字"子"就有子孙、老鼠的双重含义。

老鼠、生肖鼠与中国人的生活

## | 老鼠、生肖鼠与中国人的生活 |

### 老鼠的食用和药用价值

从古到今，中国人的衣食住行、婚丧嫁娶，都有十二生肖的影子。

据考古发现，距今10000多年前的旧石器时代，人类就以老鼠肉为食物。在北京周口店北京人遗址的灰土层中，考古学家发现许多鼠类的骨骼，这是人类烧食老鼠的明证。在贵州黔西县沙井洞中，出土了大量石器和骨骼化石，其中就有竹鼠的化石。可见，当时的人食竹鼠。在山西省襄汾县丁村遗址中，出土了鼠类、马、猪等动物的骨骼化石。

距今5800多年前的新石器时代，先民仍然捕食老鼠。新石器时代的遗址也出土过大量的鼠类骨骼。如位于陕西临潼姜寨、宝鸡北首岭、福临堡等仰韶文化遗址，都有鼠类骨骼出土。在河南安阳的殷墟也出土了竹鼠的骨骼。

根据篆书"猎"字的字形，我们可以推测古时候人类打猎主要是依靠猎犬追捕老鼠。因为遍地都有老鼠洞，

| 篆书"猎"字是由"犬"和"鼠"两部分构成的 |

老鼠最容易获得，所以打猎的"猎"字的繁体字（獵）是由"犬"与"鼠"两部分构成的。

根据距今 2200 多年前的战国时代的书籍记载，真正食鼠的风俗直到周朝才形成。距今 2000 年左右的汉代的坟墓，河北满城刘胜夫妇墓、广东象岗南越王墓中，都出土了大量随葬老鼠的遗骸。这说明当时的王公贵族也有吃老鼠肉的习惯。

距今 1000 多年前的唐朝，岭南（今广东、海南一带）的少数民族喜欢吃"蜜唧"。蜜唧——就是刚刚出生并且身上无毛的小老鼠。北宋大诗人苏轼在岭南做官时，觉得吃鼠肉很新奇。于是，他写了一首诗记录这件事。其中有一句诗是："朝盘见蜜唧，夜枕闻鹧鸪。"意思是，早餐的食物中有娇嫩的鼠肉，夜里睡觉时会听到鹧鸪鸟的叫声。可见这两件事情都让苏轼感到新鲜和刺激！

目前，广东、海南、湖南、云南、贵州、江西、福建等地区，仍有吃老鼠肉的风俗习惯。

除了作为人类的食物外，老鼠还有药用价值。明代李时珍所著的医学专著《本草纲目》中，就记载了老鼠的药用价值。

现在，有些动物园专门饲养了许多种老鼠作为实验鼠。在科学研究、新药研发等方面，老鼠是不可或缺的试验对象。老鼠具有世代短、繁殖快、易管理、遗传稳定等特性，因此某些鼠类被育种筛选成实验鼠，有些更被培育成特定疾病的模式动物，如高血压鼠、B型肝炎鼠、糖尿病鼠等。

## 老鼠的危害与防治

老鼠种类繁多，生殖能力强，不断繁殖的后代使老鼠数量庞大，所以它们需要大量的食物。全球老鼠每年吃掉的粮食多达数千亿斤。老鼠经常盗食粮食，挖掘田地，毁坏树木，对农业和林业都造成了危害。老鼠还可以传播许多疾病，严重危害人类的健康。

老鼠传染的一种疾病叫鼠疫。鼠疫存在于啮齿类动物与跳蚤身上，是人类和动物都能得的传染病。鼠疫可以由跳蚤传染给各种动物及人类，其最初反应为跳蚤咬伤部位的淋巴结发炎，这就是腺鼠疫。经常发生于鼠蹊部，也会发生于腋下或颈部。受感染的人常表现的特征为淋巴结发炎、红肿、压痛且可能流脓，通常还伴有发烧现象。

20世纪60年代，中国人曾经把老鼠、蟑螂、苍蝇、蚊子看作是"四害"，在全国范围内大力捕杀。但是，这四种生物生育能力和适应能力都很强，根本无法将它们彻底消灭。

老鼠是一种普通的动物，人类说它有害，是因为它偷吃人类的粮食，传染疾病。但猫捉老鼠，老鼠吃粮食，蛇吃老鼠，这都是动物的习性。地球上的各种生物是相互联系、相互制约的。人类不应消灭地球上任何一种生物，因为它们与人类的命运也是息息相关。人类无法也不应全部消灭老鼠。只要猫、黄鼠狼、猫头鹰、鸺鹠、果子狸、蛇、鹰、狐狸等老鼠的天敌存在，老鼠的数量就会控制在合理的范围之内，保持自然界的生态平衡，就不会变成灾害。

除了让老鼠的天敌保持一定的数量之外，人们还利用杀鼠剂、老鼠药、多重性黏板、捕鼠笼、捕鼠夹、捕鼠瓶等，来消灭家中或田地里的老鼠，让它们远离人们生活。

## 神话中的老鼠

古人发现老鼠有很强的生育繁殖的能力，机敏勤快，行动力强，有储粮过冬的良好习性，并且也有很强的记忆力。因此，古人很崇拜老鼠的这些本事，把老鼠当成仓神、财神，又把老鼠当成家族兴旺、多子多福的代表，希望它能保佑人们丰收和富裕。

20世纪30年代，浙江省绍兴地区出土了一个距今1700多年前西晋时期的青釉瓷器，造型是堆满米谷的粮仓，粮仓上爬满硕大的老鼠。老鼠出现在谷仓上，与老鼠是仓神的风俗有关。

距今1600多年前的东晋时期，有个作家叫干宝。干宝写了一本故事书叫《搜神记》。其中提到：活到一百年的老鼠，能够预先知道未来发生的事情。此外，《搜神记》中还记述了一则驴鼠的故事。安徽宣城有一种老鼠，像水牛一样大，胸前和尾巴的毛都是白色的，它力气很大，但是行动很缓慢。

据有的古书记载，古时候有28个神仙，其中一个神仙的名字叫"虚日鼠"。虚日鼠是端庄秀丽的青年妇女形象，在庙宇里接受人们的拜祭。在山西晋城玉皇庙里收藏着一尊元代的虚日鼠塑像，就是一副贵妇人的形象。

明朝的多闻天王塑像是用黄金和黄铜做成的，是当时西藏金铜造像的精品之一。多闻天王手中拿着一只神鼠，神鼠嘴里源源不断地吐出奇珍异宝。神鼠象征着财富，它的造型写实，形态十分活泼。

明朝作家吴承恩写的神话小说《西游记》，讲了很多关于老鼠精的故事，其中有一个是"白鼠求婚"的故事。年长的白鼠成精，能变化成人形，成妖成魔。

## 人们敬畏老鼠的故事

老鼠是十分聪明神秘的小生灵。

中国人早在几千年前就对老鼠等动物怀有敬畏心理。古人认为，老鼠居住在地洞里，它夜里出来活动，能与鬼神沟通，可预先知道人类的吉凶祸福。如果老鼠咬坏了哪个人的东西，哪个人就将会有灾祸降临。

据《三国志·邓哀王传》记载：有一天，丞相曹操的马鞍在仓库里被老鼠咬坏了，负责仓库的官吏十分害怕，唯恐会受到曹操的处罚。曹操的儿子曹冲十分善良和聪明，他不相信老鼠咬坏东西就会有灾祸的说法。曹冲巧妙地替管仓库的官吏求情，让他最终免于曹操的处罚。

人们害怕看见老鼠用尾巴在地上乱画，传说这样将要有不好的事情发生。

人们害怕看到老鼠踩空。老鼠经常偷吃人类的粮食，有时候会失足跌落。如果哪个人看到这种情景，他就会生病或发生其他的灾祸，必须设法救治。救治的办法就是沿街到各家乞讨粮食，回家煮饭吃掉。

人们害怕看见老鼠成群结队地出来活动。哪个人看见老鼠集体出来活动的画面，他家里就会发生火灾或其他不好的事情。据古代故事书《广异记》记载：有一天，崔嵬家的数百只老鼠都用后面两只脚站立起来，走到院子中，并不停地呱呱乱叫。

崔嵬家的人全部都跑出来观看，这时房屋轰然倒塌了。从这个故事看来，老鼠给人带来的似乎不是灾祸，而是报警！

人们害怕看到老鼠爬到树顶上筑巢。在中国文化中老鼠代表水。老鼠在树上筑巢，表示老天将要下大雨、暴雨，人类将有洪水之灾。根据历史书《汉书·五行志》记载，长安城南的老鼠成群结队争相衔着草叶到柏树上筑巢。不久，长安城就发生了大水灾。

生活在江、河、湖、海边的人们，经常会以船只为交通工具。他们有一句谚语叫"不坐没有老鼠的船"，就是指老鼠会预先觉察出船只即将遇难而跑走了。

在中国民俗文化中，生

肖属鼠的人起名时要注意一些禁忌，如：不能出现"午、马、卯、兔、酉、鸡、未、羊、小、昼、肉"等字，这些字的含义对生肖属鼠的人不利。

生肖属鼠的人取名字，最好含有"夕、夜、草丛、洞穴、五谷、大、五彩衣裳"一类意思的字词。这样，就寓意着会一生居住在安闲的地方、吃喝不愁、悠闲富贵、穿金戴银。

上述中国民俗文化中关于老鼠的禁忌和传说等，有些说明古人非常喜欢观察大自然的微小变化，值得我们好好地学习。但有些传说明显带有比喻或联想的意思，有的甚至是牵强附会，并不是完全科学的。随着科学与社会的进步，这些民俗文化渐渐地被淡化或者娱乐化，甚至会被遗忘。

### 祭祀鼠神的"老鼠嫁女节"风俗

老鼠嫁女的故事最早出现在汉朝。

在汉朝"老鼠嫁女节"是一种祭祀鼠神的民间风俗活动，至今仍然存在。但在不同地方过老鼠嫁女节的时间并不一样，江苏南部地区是正月初一，江苏北部地区是正月十六，山东、山西多在正月初七，河南是正月十六，河北大部分地区是正月十七，湖南是二月初四，湖北江汉平原是十二月二十三，陕西是正月初九，台湾是正月初三，等等。

老鼠嫁女节有许多习俗，例如在这一天，人们不能磨

| 平度年画《老鼠娶亲》|

面舂米，不能用针、剪做针线活。人们要早早地上床睡觉，不能大声说话，不能谈论老鼠。否则，老鼠会全年出来糟蹋人们的庄稼、家具、粮食等。

湖北江汉平原的老鼠嫁女节，白天家家户户都停止工作，夜晚不能点灯，人们静坐床头，摸黑吃一种叫"老鼠瓜瓜"的面食。这样做是给老鼠嫁女提供一个安静安全的环境，以免得罪老鼠一族。

长江南部一带，在老鼠嫁女节前夕，要炒麻糖做老鼠的喜糖。正月十七这一天的夜里，人们不准点灯，以方便老鼠嫁女。

在杭州的民俗中，老鼠在除夕这一天嫁女，会偷窃人的鞋子做花轿。有人作诗描述那种热闹喜庆的场面说：半夜子时正是老鼠结婚的好时辰，老鼠的儿子用人的花鞋迎接自己的新媳妇。新媳妇叩头拜见自己的婆婆，婆婆赶忙让新媳妇站起来。

陕西有些地方，正月初十这一天的夜里，每家都灭掉蜡烛灯火，早早就寝，还要在屋角撒上米粒、盐巴，俗称"老鼠分钱"。

在陕西省宝鸡市千阳县，正月十五是老鼠嫁女日，家家都要做外形像老鼠的老鼠馍。当年过门的新媳妇吃了老鼠馍的鼠尾巴，便可怀孕。家人把老鼠馍从窗户扔进新媳妇的房间，老鼠馍如果仰面朝天则为生男之兆，反之则为生女之兆。

在北京长期流传着"十七十八耗子成家"的民间传说。

在台湾正月初三这一天，人们不但早早熄灯休息，以免打扰"老鼠娶新娘"的好事，还在厨房摆上食物，

以此祝贺老鼠结婚。

## 十二生肖鼠造型的器物

20世纪80年代，在山西曲沃曲村出土了一尊西周初期的鼠首提梁龙纹卣。卣是商代和西周时期的一种盛酒的青铜器，口椭圆形，足为圈形，有盖和提梁且腹深。有圆形、椭圆形、方形、圆筒形等多种形态。

1991年，在河南三门峡上村附近的山岭上的西周晚期虢国君墓中，出土了一只玉老鼠，造型拙朴。

1976年，陕西兴平县（今兴平市）西汉墓出土了一个吃葡萄的铜质老鼠，其造型精美，是一件杰出的工艺品。

距今1400多年前的隋朝时期，铜镜上开始出现十二生肖纹饰。陕西西部的隋朝

坟墓中曾出土一面铜镜，背后就刻有十二生肖花纹，呈十二格排列。

到了唐朝，十二生肖装饰的铜镜已经很普遍了。长沙出土的唐代十二生肖铜镜，圆心铸成龟形，内圈排列八卦符号，外圈排列十二生肖花纹。其十二生肖动物造型十分生动，极富动感。此后的每个朝代都有用十二生肖装饰的铜镜。

俑是古代陪葬的明器，造型多是身着袍服站立的兽首人身或怀抱不同动物的人物。十二生肖俑中兽首人身的造型较为常见，其具有辟邪、保护墓主平安、吉祥如意等意义。

根据考古发现，十二生肖俑是自距今1500年左右的南北朝时期开始出现，多是

灰陶。

例如，山东临淄北朝17号崔氏墓出土的鼠生肖俑，造型逼真。湖南、湖北等地的隋朝坟墓里，也出土了人身兽首的十二生肖俑。到了唐朝，十二生肖俑已十分流行，多为陶质，也有铁质、石质和木质的，宋代瓷质俑增多。到了距今1000年左右的五代、宋、辽时期，生肖俑则演变为动物附在人像不同部位的样子。

1982年，在武汉东湖岳家嘴的隋朝坟墓中，出土了一个鼠首人身生肖俑，宽衣博带，拱手盘膝而坐。

1985年，在扬州郭家山唐朝的坟墓中，出土了一件鼠首人身生肖俑。

在陕西韩森寨的唐墓中，就出土了一个唐三彩鼠首人

阳市考古工作者发掘一批唐朝墓葬时，挖出两百多件珍贵彩绘陶俑，有十二生肖动物俑、武士俑、文官俑等。

2014年3月，在西安的唐朝凉国夫人王氏坟墓中，出土了大量陪葬物品，其中就有十二生肖兽首人身俑。

清朝的北京圆明园海晏堂周围的十二生肖兽首，举世闻名，由乾隆时期外籍宫廷画师郎世宁和法国传教士蒋安仁设计，融合中西方的生肖动物形象。十二兽首铜像位于海晏堂前的扇形喷水台的12石台上，既美观又实用。南岸为鼠、虎、龙、马、猴、狗；北岸为牛、兔、蛇、羊、鸡、猪。肖像都是兽首人身，头部铜质，身躯石质，中空连接水管，每隔一个时辰，所对应时辰的生肖像便

| 彩绘生肖俑 |

身俑。

在河南偃师杏园村的唐墓中，出土了一件铁铸鼠首人身俑。

2003年2月，河南省洛

从兽首口中喷水。每当正午时分，十二生肖铜首同时喷水。1860年10月，英法联军攻打北京，抢劫并烧毁了圆明园。英法联军用锯子锯掉了十二生肖兽的兽首，并带回欧洲。2013年4月26日，法国人弗朗索瓦·亨利·皮诺把鼠首、兔首还给了中国。

| 圆明园十二生肖鼠首 |

## 老鼠等生肖动物可以用来计算时间

老鼠、牛、虎等十二个生肖动物不但可以用来标记年份，也可以用来标记月份、日子、时辰等。一年有十二个月，因此，古人就用十二生肖来标记一年的十二个月。他们根据太阳升起的时间，将一昼夜划分为十二个时辰，也用十二生肖来标记。

古人还用"子、丑、寅、卯、辰、巳、午、未、申、酉、戌、亥"十二个字来表示时间顺序。这十二个字合在一起叫地支，相当于现在流行的数字1、2、3、4、5、6、7、8、9、10、11、12，地支也可以指事物发展变化的顺序。这样，老鼠、牛、虎等十二个生肖动物，就可以和"子、丑、寅、卯、辰、巳、午、未、申、酉、戌、亥"等搭配成：子鼠、丑牛、寅虎、卯兔、辰龙、巳蛇、午马、未羊、申猴、酉鸡、戌狗、亥猪，用来计算年份、月份、日子、时辰等时间。

子鼠代表第一年、第一月、第一日、第一个时辰；丑牛代表第二年、第二月、第二日、第二个时辰；寅虎代表第三年、第三月、第三日、第三个时辰；卯兔代表第四年、第四月、第四日、第四个时辰；辰龙代表第五年、第五月、第五日、第五个时辰，其他依次类推，循环往复。

汉朝以前老鼠代表的子月就是元月或者叫一月，汉朝以后才以老虎代表的寅月为元月，改子月为十一月。每年到了子月的时候，雨雪纷飞，虫蚁蛇鼠统统进入冬眠期，此时是阴阳交接的时刻，表明阴将过而阳将至。

在一天一夜的 24 小时中，子时指午夜 23 点至凌晨 1 点，是前一天的最后时刻，也是后一天的开始。此时，正是天地黑茫茫一片、混沌初开之际，老鼠最为活跃。古人认为，善于啮咬的老鼠，能用嘴巴开天辟地。因此，就有了"鼠咬天开，天开于子"这样美丽的神话传说。

古时候，人们用十二生肖动物来表达复杂抽象的时间甚至空间，这样十分容易记忆，也便于学习。

## 十二生肖鼠与婚配、算命等

比喻是人类的一种描述

事物的认知方式。高级动物、低级动物或者植物，互相之间具有彼此的某些特点。在中国文化中，古人认为人与老鼠、牛、虎等十二生肖动物有着某种相似的特点，可以说是一种比喻关系。

古人认为，十二生肖中的每个动物都具有它们自己的习性、爱好、能力、脾气、特点、命运、前途等，十二生肖还可以用来代表时间和空间。因此，古人喜欢用十二生肖来测算某个人的爱好、性格、婚姻、前途等。比如，属相是老鼠的人，古人就会认为他们会像老鼠一样机智灵敏，善于储存粮食或财物，随遇而安，容易发财，胆小等。

同时古人还认为，即使是同一属相的人，由于出生的时辰不同，性格、命运、前途也会各不相同。因此，只有两个属相互相般配的人结婚，他们才能长久生活在一起。例如，属鼠的人与属牛的人互相般配，属虎的人与属猪的人互相般配，可以结婚。而属虎的人与属鼠的人，就不般配不能结婚，等等。古人根据这些说法来为子女选择可以结婚的对象。

在生肖文化信仰中，还有一种"本命年"的观念。本命年是按照十二生肖循环往复推算出来的。例如，鼠年出生的人属鼠，以后每逢子年就是本命年。一个人的本命年为12岁、24岁、36岁、48岁、60岁、72岁、84岁、96岁等。

古人认为本命年为凶年，需要趋吉避凶，消灾免祸。

在北方各地，每到本命年时，成年人都要系红腰带，称为"扎红"；小孩子还要穿红背心、红裤衩。

中国人都很重视60岁生日，称为"花甲"。北京有个非常著名的道观叫白云观，白云观里有一座元辰殿，又名"六十甲子殿"，供奉着60位本命元辰星宿神，均为色彩鲜艳的泥塑座像。60位神像的形象，都带有明显的生肖标志，如：甲子太岁金辨大将军，鼠相，持桃。信仰生肖文化的人，可以在白云观向本命元辰之神上香祈福。

在科技发达的今天，十二生肖文化的功能主要是娱乐休闲。人们对待十二生肖文化，已经不像古人那样认真了。有人利用十二生肖文化推算人的命理、健康、婚姻、事业、财运等，以此赚钱，同时也可以给有困惑的人带来一些心理上的安慰。

中国文艺中的老鼠、十二生肖鼠

## |中国文艺中的老鼠、十二生肖鼠|

### 多姿多彩的老鼠、生肖鼠形象

千百年来，在诗歌、寓言、成语、传说、陶俑、瓷器、对联、小说、绘画、戏剧、雕刻、钱币、剪纸、邮票、电影等各种文化活动和文化产品中，都能发现老鼠的形象。这些老鼠的形象千奇百怪，生动逼真，妙趣横生，寓意深刻。

在中国文化中，人们认为老鼠既可爱又可怕，它的形象大致可以分成正面与反面两大类型。

第一，正面、良好的形象：老鼠具有敏锐的观察力，适应环境能力和应变能力强，生育能力强、繁殖周期短、一次可以生育多胎，它还代表财富、多子多福和吉祥等等。

第二，反面、负面、不好的形象：老鼠的外形丑陋猥琐，不招人喜欢；它喜好偷偷摸摸、不劳而获；它还能传播鼠疫，传染疾病。所以它还代表灾难厄运等等。

### 诗歌中的老鼠、生肖鼠

距今 2600 多年前，中国各地老百姓演唱的民歌以及知识分子创作的诗歌，编成了一本厚厚的大书叫作《诗经》。《诗经》中记录了一段河南的老百姓对着田里的大老鼠喊唱的民歌，内容大意是这样的：

大老鼠啊大老鼠，请你们不要再吃我的黍子了。这些年来你们一直吃我的黍子，一点儿也不管我痛苦的感受。我一定要逃离这个地方，躲开你们这些贪婪的大老鼠，去寻找一个让我感到快乐的地方。让我感到快乐的

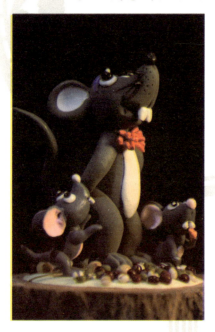

| 画塑生肖鼠 |

地方，才是我的好住处！

这里，人们用大老鼠比喻那些不劳而获、偷取别人财物的人。

在距今1400多年前的南北朝时期，有个诗人名叫沈炯，他创作了一首《十二属诗》，细致描写了十二生肖动物：

老鼠在书桌上留下清晰的爪印，牛羊傍晚从山岭上从容地下来。

老虎低沉的叫声在山谷中回荡，白兔的身影从月亮上一直投射到我的窗前。

大龙一样的松柏树影潜伏在远处的地上，长蛇一样的柳条在眼前摇摆。

马兰花要到远方才能摘到，羊负这种药草要到春天才能生长。

猴子在众多果子中最喜

欢的是板栗，鸡则最喜欢听到砧板上切菜的声音。

狗最喜欢竖起耳朵听家门外面的声音，猪则最喜欢悠闲地躺在自己的圈里。

这首诗歌的每一句，第一个字都是十二生肖的名字。并且这些诗句特别刻画了十二生肖动物的突出特性。因此，在诗人描绘景物中的动物时，每句诗诗首的十二生肖的名字，都起到了画龙点睛的作用，十分巧妙有趣。在描绘十二生肖动物时，也深刻地反映了中国人生活和中国文化中的一些经典场景。

有人统计《全唐诗》中含有"鼠"字的诗歌总共有193篇之多。唐朝大诗人李白、杜甫、白居易、柳宗元等，都曾在诗文中描写过老鼠、生肖鼠。

唐朝诗人曹邺所写的《官仓鼠》流传千古，妇孺皆知。他以官仓中的老鼠来比喻那些贪污公粮的官吏，讽刺和鞭挞他们的丑恶行径：

官仓老鼠大如斗，

见人开仓亦不走。

健儿无粮百姓饥，

谁遣朝朝入君口？

这首诗的意思是说，在公家收藏粮食的大仓库里，老鼠又肥又大，看见有人进入仓库它们也不害怕，更不知道要逃走。在前线防守边关和打仗的军人没有粮食吃，在家里的老百姓也有很多人没有粮食吃，怎么能让仓库里的粮食天天被这些可恶的大老鼠偷吃呢？这个事情应该由谁来负责呢？

在距今1200多年前的宋朝，陆游、苏轼、辛弃疾、朱熹等大诗人、大作家，也都描写过老鼠、生肖鼠。苏轼在散文《黠鼠赋》中，赞叹了老鼠的聪慧狡诈。辛弃疾有一首词叫作《清平乐·绕床饥鼠》，诗词中从"饥鼠""蝙蝠"到万里江山，描写了诗人所处的环境，虽已华发苍颜但不忘祖国河山为之奋斗一生。

明朝诗人龚诩写了一首《饥鼠行》，描写了他们父子夜晚饱受饥鼠的骚扰，十分有趣可笑：

灯火乍息初入更，
饥鼠出穴啾啾鸣。

啮书翻盆复倒瓮，
使我频惊不成梦。
狸奴徒尔夸衔蝉，
但知饱食终夜眠。
痴儿计拙真可笑，
布被蒙头学猫叫。

上述诗句翻译成现在的白话文就是：

晚上八九点钟，我们爷俩刚刚把油灯熄灭，准备睡觉。饥饿的老鼠们就赶紧从洞穴中跑出来寻找食物，黑暗的房屋里一片老鼠的叽叽声。老鼠们找不到食物，有的啃咬书本，有的在瓦盆瓷缸里窸窸窣窣地跑跳。老鼠们一直不断地活动，让我难以入睡。猫白天忙着捕捉蝉，夜晚就不出来逮老鼠了。我那可笑的儿子，为了吓跑吵闹的老鼠们，就用被蒙着头学猫叫。

## 成语中的老鼠

老鼠因偷吃和啃坏东西而招人厌恶，得到"过街老鼠，人人喊打"的千古罪名，因此，由"鼠"字组成的成语也多含有贬义。

因为与人类的关系密切，老鼠的行径十分引人注目，所以人类十分喜欢拿老鼠说事。因此，与老鼠有关的成语有 2000 多条，数量庞大，其中比较常见的有 50 多个。例如下面几个成语，既常见也非常有趣，常常被人引用。

鼠目寸光：本意是老鼠的眼睛只能看到几寸远的地方。比喻人目光短浅，想问题想得不够长远。

獐头鼠目：一个人的头长得像獐的头又小又尖，眼睛长得像老鼠的眼睛又小又圆。形容人形象丑恶，神情狡猾。

投鼠忌器：老鼠停在瓷器等贵重的家具旁边，人们想抛石头或其他东西打击老鼠，却又担心会打坏了老鼠旁边的器物。这个成语说明做一件好事，可能会引起一件坏事发生，所以犹豫不决。

抱头鼠窜：形容狼狈而逃的样子。

胆小如鼠：老鼠的胆子很小，稍有风吹草动就会逃跑。形容非常胆小。

猫哭老鼠：猫和老鼠是天敌，天生势不两立，不会互相同情，因此猫哭老鼠是虚假骗人的。

过街老鼠：老鼠在大街上行走，一定会有很多人追击它。因此，用过街老鼠比喻那些干了很多坏事而引起大家愤怒的人。

鼹鼠饮河：鼹鼠指田鼠，意思是田鼠到河边喝水，不一会儿就喝饱了。形容胃口不大，要求不高。

## 寓言、小说中的老鼠、生肖鼠

在历代寓言中，有很多关于老鼠、生肖鼠的故事。社鼠是一种出没在皇宫、寺庙、祠堂等重要场所里的老鼠。古人常常把那些深受帝王或者其他大官宠爱且喜欢干坏事的人比作社鼠。

唐代大文豪柳宗元曾经写了一篇寓言《三戒·永某氏之鼠》，内容是这样的：永州有个人，十分迷信而且胆小，因为出生在鼠年，因此迷信鼠神。他从不养让老鼠害怕的狗和猫，也不许家人奴仆捕捉老鼠。因此，老鼠在他家里肆无忌惮，任意出入，大吃大喝。时间一长，他家里的老鼠很多很多，造成了灾害，人也无法居住了。数年以后，这个人被迫搬了

家。其他人搬过来居住后，捕杀了大量的老鼠，被捕杀的老鼠尸体堆积成了小山丘。这个故事告诉我们迷信的危害，同时也告诉世人不能像老鼠那样目光短浅。

中国历代著名小说《搜神记》《三侠五义》《西游记》《金瓶梅》《红楼梦》《镜花缘》《老残游记》等，都有不少关于老鼠、生肖鼠的描写。例如，《金瓶梅》中有多处写到十二生肖，表示年岁的有 6 次，媒妁换帖 6 次，算命 5 次。这表示在明朝及明朝以前，人们在过年、婚配、预测前途时，都会用到十二生肖文化。

在《三侠五义》中，作者把北宋时期出身于社会下层的江湖侠客比作老鼠。"五鼠"就是指五个身怀绝技且

1

性格不同的江湖侠客：盘桅鼠卢方、彻地鼠韩彰、穿山鼠徐庆、混江鼠蒋平、锦毛鼠白玉堂。他们的行事特点都像老鼠：身形矫健、善于隐藏、昼伏夜出、敢作敢当等。

清朝有一个著名的小说家叫蒲松龄。蒲松龄创作了一部专讲神怪故事的短篇小说集，名叫《聊斋志异》。其中有一篇叫《义鼠》，讲述了下面的故事：

有一天，两只老鼠外出，一只被蛇吞掉了。之后，蛇就要爬回自己居住的洞穴。另一只老鼠在洞口死死地咬住蛇的尾巴，拼命阻止。蛇鼠之间这样的战斗，重复了很多次。最后，蛇实在无可奈何，便吐出了腹中的死鼠。于是，另一只老鼠则悲伤地拖走了自己同伴的尸体。这个故事高度赞扬了老鼠的义气和勇敢。

**绘画中的老鼠、生肖鼠**

历史上，老鼠、生肖鼠的形象，也出现在壁画、岩画、年画、木刻版画等绘画作品之中。

20世纪80年代初，在内蒙古阴山北边的百灵庙附近的山口，发现了战国时期的十二生肖岩画。这是迄今为止发现的最早的十二生肖石刻画，距今已经2300多年了。这说明在战国时期十二生肖就已经非常流行了。

根据考古发现，古代有很多贵族坟墓中的墙壁上画有十二生肖动物。1979年至1981年，在发掘山西太原北齐武平元年（570年）东安郡王娄睿墓时，考古队发现墓堂顶部与上中栏处有星图、十二生肖、雷公、电母等形象的壁画。其中，十二生肖壁画是历史上首次发现，位于墓室上栏一周，按正北为鼠和正东为兔的顺序排列。壁画中的老鼠是"子神"或者叫"鼠神"。通过壁画的展现也说明古人深深地相信，十二生肖壁画会给死去的人带来好运。

唐代画家边鸾画了一幅《石榴猴鼠图》，他把石榴、老鼠画在一起，深受当时人们的喜爱。石榴红艳艳的晶莹剔透的籽儿非常多，老鼠产子也很多，把它们画在一起可以看出古人喜欢用这两样东西表达多子多福、世代繁衍的美好期望。

北宋有个画家叫徐崇嗣，他画了一幅《茄鼠图》，把茄子和老鼠画在一起。茄子很高产，一棵茄子树上可以结出很多茄子，从上到下，有大有小，都散发着紫色的光泽。古人认为紫色是富贵色。这样的图画，也表达对生活富足的向往和多子多福的期愿。

明朝有个皇帝叫朱瞻基，他画过一幅《苦瓜老鼠图》，描绘老鼠仰望苦瓜的表情，十分逼真可爱。老鼠能多产子，苦瓜也是多种子的，把两者画在一起的寓意也很明显。

明朝有个画家叫孙隆，他画了一幅《鼠瓜图》，描绘老鼠吃西瓜的欢快情景。西瓜多种子，也代表着丰收和满足。

明末清初时有个著名画家叫朱耷，号八大山人。他绘有《瓜鼠图》，描绘了老鼠吃冬瓜的欢乐情景，表达对生活幸福的美好愿望。

清代画家费丹旭所画的《灯鼠》，描绘了老鼠在灯台下抢食瓜子、石榴、葡萄等食物的情景，表达的是子女众多、生活富裕的生活理想。

清代著名画家朱怀仁，有"晚清画苑第一家"之誉。他出家当和尚后改名虚白，字虚谷。朱怀仁曾创作过《十二条屏》，条屏中的十二生肖动物神态各异，根据动物造型的需要构绘不同的植物背景，画面清新冷峻且富于变化。这幅画表示每个人的人生各自不同、各有特色，每个人的人生也会有差别鲜明的不同阶段！

1944 年，现代大画家齐白石历时四年终于完成一组水墨画《十二属图》。画中描绘的是十二生肖动物的形象，表达了他对中国十二生肖文化的独到理解。老鼠排在第一名，画面底端伏着一只安静的黑鼠，在它上面依次有一只鲜红水嫩的萝卜和两棵硕大的白菜。整个画面看起来，就像一只老鼠停在大白菜和红萝卜下面休息，实在是祥和极了。

1945 年冬，现代大画家徐悲鸿在重庆盘溪创作了《十二生肖图册》。这幅图为水墨画，动物造型准确，设色淡雅。十二个生肖动物图画中，只有老鼠和兔子是成对出现的，其他动物都是一只，这似乎暗示老鼠、兔子最擅长繁衍。

当代画家范曾的《十二

生肖图》，借用十二生肖典故，描绘中国古代人物形象，宣传中国优秀的传统文化。他画了一幅漂亮的白老鼠图，题名《相鼠有皮》。这幅画告诉人们，人的道德修养和老鼠的皮毛一样，十分重要。

当代一些著名画家，如张大千、张乐平、华君武、丁聪、黄永玉等人，都曾经画过形象鲜明的老鼠。

天津杨柳青、山东杨家埠、苏州桃花坞、四川绵竹是中国四大年画基地，每年都生产无数张印有十二生肖的年画。这些年画都用来表现喜庆祥瑞的场面。生肖年画有的印有十二个生肖，还有月历的功能，有的只印当年生肖。

总之，历代画家和艺人，通过他们的绘画或雕刻等作品，表达了他们对中国十二生肖文化的热爱和理解。

## 戏曲、影视剧中的老鼠、生肖鼠

京剧与十二生肖文化结合的地方很多。京剧中不但有十二生肖脸谱，还有"十二生肖"剧目：这些剧目有《访鼠拆字》《小放牛》《武松打虎》《白兔记》《拿飞龙》《青蛇盗库》《敬德洗马》《苏武牧羊》《白猿盗盒》《时迁偷鸡》《闹朝扑犬》和《猪八戒盗魂铃》。

京剧《五鼠闹东京》题材选自小说《三侠五义》，剧中塑造了具有老鼠特点的五个江湖侠客形象，他们性格不同，喜欢单独行动，但是都充满了正义感。

1990 年，上映了一部有关十二生肖的喜剧电影《新十二生肖》。这部电影由赵忠兴执导，林小楼、李志奇等主演。剧情描述了原本互不信任的十二生肖们，历经遭遇，斩妖除魔，终于体会到团结合作的重要性。

2012 年上映的电影《十二生肖》，讲的是男主角四处寻找圆明园十二生肖失散的四个兽首的故事。

2014 年上映的动画影片《十二生肖城市英雄》。讲述的是生活在现代城市中的十二生肖动物，虽然性格各异，本领不同，但他们具有正义、力量、英勇、智慧、憨厚、可爱等特点。为了捍卫正义，他们和一个狡诈的花猫市长展开了斗争。

2016 年播放的电视剧《五鼠闹东京》是一部古装武侠剧，根据古典小说《三侠五义》改编。讲述了北宋仁宗年间，江湖上五个绰号"五鼠"的结拜兄弟，协助包青天破案的故事。

## 对联、歌谣中的老鼠、生肖鼠

中国历史悠久，用对联描写老鼠、生肖鼠的句子，举不胜举。例如：甲乙科名佳话在，子孙孝友古风存；子夜鼠欢爆竹乐，门庭燕舞笑声喧。

明代福建侯官人徐英所撰写的对联，融合了生肖文化和生活实境，他这样写道："鼠因粮绝潜踪去，犬为贫家放胆睡。"

还有一副传诵很广泛的对联，写出了中国人的习惯：

"鼠无大小皆称老，龟有雌雄总姓乌。"

有关老鼠、生肖鼠的歌谣也很多。台湾有一首十二生肖的歌谣，十分容易记忆和传播：

一鼠贼子名，

二牛驶犁兄。

三虎山崎岖，

四兔游东京。

五龙皇帝命，

六蛇受人惊。

七马跑兵营，

八羊吃草岭。

九猴爬树头，

十鸡啼三声。

十一狗吠客兄，

十二猪菜刀命。

苏州有一首歌谣，在贩卖桃花坞的鼠婚年画时演唱，也非常有趣：

年三十夜里闹糟糕，

老鼠做事真热闹。

这只老鼠真灵巧，

马桶夜壶挑子一大套。

绣花被头两三条，

红漆条箱金线描。

这边还有瓷花瓶，

鸡毛掸帚插仔牢。

这只老鼠真正娇，

坐勒轿子里厢眯眯笑。

头上盖起红头巾，

身上穿起花棉袄。

吹吹打打去成亲，

亲戚朋友跟着匆匆走。

旁边还有花黄猫，

一塔刮子吃精光。

**剪纸中的老鼠、生肖鼠**

民间剪纸中的十二生肖动物形象，大多具有抽象、夸张的特点，深受人们的喜爱，连鲁迅这样的大文学家也十分关注。鲁迅有一篇文章叫《狗·猫·鼠》，他这样写道："我床前就贴着两张花纸，一张是'八戒招赘'，满纸长嘴大耳，我以为不甚雅观。别的一张'老鼠成亲'却可爱……"

民间剪纸属于平面造型，具有鲜明的地方性。以十二生肖动物为题材的剪纸，主要有四种形式：第一种是单个生肖动物的造型，如每年新春贺岁的作品《连年有余》《鼠年富贵》；第二种是生肖动物祥瑞组合，如《回娘家》；第三种是生肖动物与人物的结合，如《老鼠嫁女》；第四种是十二生肖动物全部出现。这四种构图都反映了动物的生肖特性，区别于普通动物主题。

由于风俗差异，各地对同一主题的剪纸也各有侧重。例如《老鼠嫁女》，山东一带注重线条清晰，而陕西一

| 生肖鼠剪纸 |

带则表现热闹喜庆。

在结婚的喜庆日子里，人们会在窗户上张贴《老鼠上灯台》《老鼠偷油》等大红剪纸。这种民间婚俗蕴涵着一种古老的生殖崇拜观念，传达着多子多福的情感。古人新婚后的第一愿望就是生育孩子，希望多生孩子的愿望自然会寄托在繁殖力强盛的老鼠身上。

除了上述文化类别作品中的老鼠、生肖鼠之外，天津、山西、陕西、台湾等地的民间艺术家，用面粉、泥巴捏成形态各异的生肖鼠，或用布料、锦绣做成生肖鼠的形象，或者用树条草茎编织老鼠等生肖动物，都很好看、很好玩。

中国的生肖文化走向世界

## | 中国的生肖文化走向世界 |

### 全世界都有生肖文化和鼠文化现象

生肖文化不仅存在于中国，也存在于世界上的其他国家、其他民族。因此，生肖文化是各国、各民族之间友好交往的重要内容与媒介。

中国现代著名学者郭沫若，在他撰写的《甲骨文字研究·释干支》一文中，把远古时候中国、希腊、埃及、印度的十二生肖文化进行了比较。他发现，用特定动物纪年的兽历，古印度、古埃及、古希腊、古巴比伦都有。

古印度十二生肖的名称和顺序为：鼠、牛、狮、兔、摩睺罗伽、那伽、马、羊、猴、金翅鸟、狗和猪。摩睺罗伽的意思是大蟒神，一种人身蛇首的神。普济寺中摩睺罗伽的塑像为头顶几条蛇的贵族，或是蛇面，手持笙或腰系花鼓，手持鼓槌。那伽指一种多头，头型酷似眼镜蛇，长身无足，无角，并且有剧毒的精怪类生物。它居水中或地下，具有控制水，行云雨的力量。

根据印度神话书籍《阿婆缚纱》记载，十二生肖动物原为十二个神仙的坐骑，它们分别是招杜罗神的鼠、毗羯罗神的牛、宫毗罗神的狮、伐折罗神的兔、迷立罗神的那伽，安底罗神的摩睺罗迦、安弥罗神的马，珊底罗神的羊、因达罗神的猴、波夷罗神的金翅鸟、摩虎罗神的狗和真达罗神的猪。

古埃及的十二生肖动物，分别是牡牛、山羊、猿、驴、蟹、蛇、犬、猫、鳄、红鹤、狮子和鹰。

古希腊的十二生肖动物与埃及的基本相同，只是其中有鼠没有猫，另有鸭。

古巴比伦的十二生肖动物，是牡牛、山羊、狮、驴、蜣螂、蛇、犬、猫、鳄、红鹤、猿和鹰，其中没有老鼠。

欧洲各国的生肖基本相同，多以天文学上的星宿为生肖。如法国人按十二个月来计算生肖，生肖物是天上的星座。他们以宝瓶座、双鱼座、摩羯座、金牛座、白羊座、巨蟹座、双子座、狮子座、室女座、天秤座、天蝎座和射手座这十二星座，组成十二生肖。

日本也有类似中国的十二生肖，只是十二生肖动物中的羊、猪，分别是山羊和野猪。

缅甸的生肖有八个，以星球为名，从周一至周日排列。星期一出生的属虎，生肖是月亮；星期二出生的属狮，生肖是火星；星期三上午出生的属有牙象，生肖是水星；星期三下午出生的属无牙象，生肖是暧星；星期四出生的属鼠，生肖是木星；星期五出生的属天竺鼠，生肖是金星；星期六出生的属那伽龙，生肖是土星；星期天出生的属金翅鸟，生肖是太阳。

越南的十二个生肖动物，

与中国的生肖基本相同，只是用"猫"代替了"兔"。

泰国、柬埔寨、朝鲜的十二生肖动物，与中国的十二生肖只有很小的差别。例如柬埔寨的生肖动物只有牛和老鼠的顺序与中国的十二生肖不同。它们是牛排第一，老鼠排在最后。

此外，在南美洲大陆的墨西哥也有自己的十二生肖文化。

## 外国文艺作品中的老鼠形象

与中国历史典籍和文艺一样，外国历史典籍与文艺中也有许多经典的老鼠形象，启迪着人类的智慧，丰富着人类的文化生活。这种情况说明，老鼠在全世界各地都影响着当地人的生活和文化。

距今 2500 多年前的古希腊，有个作家名叫伊索。伊索所著的《伊索寓言》是世界上最早的一部寓言故事集，包含着古代欧洲人、西亚人、北非人的智慧，至今在全世界都有着巨大的影响。

《伊索寓言》中关于老鼠的故事很多，有《田鼠与家鼠》《猫和鼠》《鼹鼠》《老鼠开会》《老鼠与青蛙》《狮子与报恩的老鼠》《狮子、老鼠和狐狸》《蛇、黄鼠狼与老鼠》等。

在上面那些故事中，伊索把人类比作老鼠，通过描写老鼠的故事，让人们思考怎样去做人和做事。

例如，《狮子与报恩的老鼠》的故事：一天，一只老鼠被狮子抓到了。在老鼠的不断哀求下，狮子放了它。后来，狮子被猎人逮到了，并被捆绑在一棵大树上，奄奄一息。在这生死攸关的时候，老鼠咬断了捆绑狮子的绳子，救出了狮子。这个故事告诉我们，老鼠的身体虽小，但也能做出狮子想不到的大事情。再如，《老鼠开会》中讲述了这样一个道理：无论是老鼠，还是人类，不能天天开会讨论一些无法实现的决定。

安徒生是19世纪丹麦著名的童话作家，也是世界文学历史上童话故事的创始人。他在《安徒生童话》中曾描写过鼹鼠、田鼠、水鼠、小老鼠等，并通过这些鼠类的故事来教育人类。

在童话《拇指姑娘》中，勤快富裕但是自私粗俗的田鼠、鼹鼠，都曾向拇指姑娘求婚，但善良大方的拇指姑娘并不喜欢它们。在《野天鹅》中，生活在地下室的小老鼠非常善良聪明，尽力帮助被后妈关在这里的公主小埃莉莎。

1928年，美国艺术家沃特·迪士尼创作出著名的动画片《米老鼠与唐老鸭》，后来流行于全世界。米老鼠虽然弱小、孤独，经常会遇到危险，但是它却永远充满热情，具有想象力、创造力、好奇心、求知欲，并且敢于冒险等。米老鼠的形象十分可爱，它的故事十分有趣。

20世纪40年代，法国海外殖民地阿尔及利亚奥兰城发生了一场大鼠疫，造成很多人死亡，场面十分悲惨恐怖。以这件事为题材，法国文学家阿尔贝·加缪创作出一部闻名全世界的小说《鼠疫》，书中歌颂了人类积极向上、团结奋斗的伟大精神。1957 年，正是因为这部小说，他被瑞典文学院授予"诺贝尔文学奖"。

当代加拿大女诗人玛格丽特·阿特伍德，被人赞誉为"加拿大文学女王"。在她的诗歌和散文中，常常借用鼹鼠、水鼩等鼠类来表达自己的思想感情。她在散文《鼹鼠日》中写道："鼹鼠日是儿童们的节日，捧起一把芬芳的泥土，让我们默默祈祷，感谢所有曾经生息于苍茫大地上的生命。"

玛格丽特·阿特伍德在诗歌《水鼩撕开猎物》中写道："水鼩撕开猎物，纯属听命于自然之需。瞬间的自发行动，毫无谋划拖沓，全是出于生命的本能。"

玛格丽特·阿特伍德在《上帝赋予动物》一诗中，把老鼠看作是地球上所有动物的代表。她写道："上帝赋予动物人类摸不透的智慧，我们努力学习的生存奥秘，动物凭着本能都知道——阳光是每只蜜蜂的歌谣，潮湿的黏土对着鼹鼠耳语。"

日本人最喜欢看漫画，有一个著名的漫画叫《水果篮子》，讲述了一系列十二生肖动物的故事。十二生肖动物的故事，包含着爱情、亲情、友情，每一个都十分让人感动。

从 1995 年 4 月至 1996 年 1 月间，日本电视台连续播放电视动画片《十二生肖守护神》，动画片把十二生肖动物的故事和现代生活结合起来，引起了日本青少年极大的兴趣。

## 外国发行的十二生肖鼠邮票

在飞机和轮船的帮助下，各国人民之间的交往越来越快速，越来越密切。中国人口众多，可以分散到全世界各地去旅游、学习、工作、生活。因此，中国的十二生肖文化也随之走向了世界，与其他国家和民族的生肖文化做比较和对接，成了中外文化交流的重要动力和内容之一。

十二生肖文化是中华文化及民俗的重要组成部分，有着悠久的历史和丰富的文化内涵，对中华文化的发展、传播、传承发挥了重要作用。

海外凡是有华人、华裔生息的国家、地区，特别是东亚及东南亚地区，受十二生肖文化的影响都非常大。

近代以来，尤其是中国改革开放之后，越来越多的中国人移民海外，并把中国文化带到世界各地。世界各地的人们除了对中国人的美食、服饰、武术、中医等感兴趣外，还对中国的节日文化、十二生肖文化产生了浓厚的兴趣。在现代各国文化交流史上，最亮丽的一道风景线就是全世界各国争相发行十二生肖动物邮票。

1950 年，日本发行虎年生肖邮票，这是世界上第一枚生肖邮票。邮票图案采用日本画家圆山应举的名画《龙虎图》中的《虎图》。

在美国的华人组织了一

个团体叫"美华协会"，致力于促进中美之间的友谊，努力让华人融入美国社会。从1988年开始，这个协会就不断到美国国会去游说，让美国邮政总局发行中国十二生肖动物邮票。终于，美国邮政总局在1992年决定发行十二生肖邮票。1993年，美国开始发行第一轮中国十二生肖动物纪念邮票，设计者为来自美国夏威夷的华裔李健文女士，图案为十二生肖动物剪纸。1993年是鸡年，因此美国历史上发行的第一枚生肖邮票是"雄鸡"。到2005年，美国邮政总局发行了"猴票"，完成了第一轮十二生肖邮票的发行。美国发行的这一套十二生肖动物邮票，十分珍贵，人们争相收藏。

1997年1月，加拿大邮局开始发行第一轮中国生肖纪念邮票，第一枚为"牛票"。对于每一枚发行的生肖邮票，从邀请专家构思设计图案至公开发行，加拿大邮局都十分重视。1997年11月25日，亚太经济合作会议领导人非正式会议在温哥华召开。加拿大邮局决定把首套生肖邮票当作送给各国领导人的礼物。

到1997年为止，韩国、新加坡、越南、朝鲜、泰国、菲律宾、不丹、哈萨克斯坦、美国、新西兰、冈比亚等全世界55个国家，先后发行了中国的十二生肖动物邮票。这样的举动不但促进了中外文化交流，也促进了中国人民与其他国家人民的友谊。

截止到2002年，发行

过中国十二生肖动物邮票的国家和地区，已经增加到 90 个。其中，亚洲 24 个，非洲 21 个，大洋洲 20 个，美洲 18 个，欧洲 7 个。全世界已发行中国十二生肖动物邮票种数有 1800 多种，其中还包含有大量的小型张、小全张、小版张、小本票、异形票及自黏票、金属材质票等，形成了一种全球规模的文化现象。由此，我们可以看见中国十二生肖文化的伟大魅力。

### 中国发行的十二生肖鼠邮票、纪念币等

时代变迁并未使传统的十二生肖文化衰亡。除了春联、年画、剪纸等传统民俗之外，十二生肖动物形象还被广泛应用到邮票、纪念币、银行卡、影视作品和游戏创作等上。

我国发行十二生肖动物邮票，是从 1980 年发行的"猴票"开始的。此后，每年都会发行一枚生肖动物邮票。第一轮为 1980 年至 1991 年，第二轮为 1992 年至 2003 年，第三轮为 2004 年至 2016 年。

1980 年 2 月 15 日，我国第一枚生肖动物邮票发行。这就是第一轮生肖邮票的第一套"猴票"。到 1991 年 1 月 5 日发行"羊票"后，第一轮生肖邮票共计 12 枚便出齐了。第一轮生肖邮票票幅较小，但设计非常精美，基本采用雕刻、影写印刷。

第二轮生肖邮票，仍然采用小票幅的设计方案，但每套由一枚邮票改为两枚，图案"一图一文、一明一暗"，

底色采取"一有一无"，邮资也采用"一枚平信和一枚挂号"邮资结合，同时在生肖形象设计上，融入了书法、剪纸、泥塑、布艺、陶艺等艺术种类。对其中一枚生肖文字邮票运用篆、隶、草、楷四种书写体，每三年换一次。

2004年，开始发行第三轮生肖邮票，采用单枚成套，雕刻版正方形的方案。用现代设计方法表现中国传统艺术的风貌，也非常精美。

1968年，台湾发行鸡年生肖邮票。这是包括大陆、香港、澳门、台湾在内的地区的第一套生肖邮票。这套邮票印量50万套，大家争相收藏。

每年春节，中国人以当年的生肖动物为主题，制造生肖卡、生肖灯、生肖画、生肖剪纸、生肖编制品等，大大地增加了新年的祥和欢乐气氛。

现在，生肖邮票、生肖钱币、生肖宝石、生肖贵金

| 生肖鼠花灯 |

属等，成了收藏家的新宠。
由于科技与文化的创新，著
名艺术家、工艺专家创作的
生肖艺术产品，不断地推陈
出新，既具有经济价值又具
有艺术价值。

我们相信，中国传统的
十二生肖文化，必将世世代
代传承下去，也将随着对外
开放走向全世界。

**图书在版编目（CIP）数据**

生肖鼠 / 李跃乾编著 ；张勃本辑主编. -- 哈尔滨：
黑龙江少年儿童出版社，2020.2（2021.8重印）
　　（记住乡愁 ：留给孩子们的中国民俗文化 / 刘魁立
主编. 第十一辑，生肖祥瑞辑）
　　ISBN 978-7-5319-6464-3

　　Ⅰ．①生… Ⅱ．①李… ②张… Ⅲ．①十二生肖—青
少年读物 Ⅳ．①K892.21-49

中国版本图书馆CIP数据核字(2019)第293959号


记住乡愁——留给孩子们的中国民俗文化　　　　　刘魁立◎主编

第十一辑 生肖祥瑞辑　　　　　　　　　　　　　　张　勃◎本辑主编

生肖鼠 SHENGXIAO SHU　　　　　　　　　　　李跃乾◎编著

出 版 人：商　亮
项目策划：张立新　刘伟波
项目统筹：华　汉
责任编辑：梁　毅
整体设计：文思天纵
责任印制：李　妍　王　刚
出版发行：黑龙江少年儿童出版社
　　　　　（黑龙江省哈尔滨市南岗区宣庆小区8号楼 150090）
网　　址：www.1sbook.com.cn
经　　销：全国新华书店
印　　装：哈尔滨市石桥印务有限公司
开　　本：787 mm×1092 mm　1/16
印　　张：5
字　　数：50千
书　　号：ISBN 978-7-5319-6464-3
版　　次：2020年2月第1版
印　　次：2021年8月第2次印刷
定　　价：35.00元